ALFAGUARA

Todos los amores

Antología de poesía amorosa

Selección y prólogo de
Carmen Boullosa

TODOS LOS AMORES

ALFAGUARA ^{MR}

De esta edición:
© D. R. 1997, Aguilar, Altea, Taurus, Alfaguara, S.A. de C.V. ^{M.R.}
Av. Universidad 767, Col. del Valle
México, 03100, D.F. Teléfono 688 8966

Alfaguara es un sello editorial del **Grupo Santillana** ^{M.R.}
Éstas son sus sedes:

ARGENTINA, BOLIVIA, CHILE, COLOMBIA, COSTA RICA,
ECUADOR, EL SALVADOR, ESPAÑA, ESTADOS UNIDOS,
GUATEMALA, MÉXICO, PANAMÁ, PERÚ, PUERTO RICO,
REPÚBLICA DOMINICANA, URUGUAY Y VENEZUELA

Primera edición: diciembre de 1997
Primera reimpresión: mayo de 1999

ISBN: 968-19-0362-5

Traducción de los siguientes poemas por Carmen Boullosa:
*Para el amor no quiero tener; Amor; He pasado toda la noche
sin dormir; Tú eres mío; Besos para Catulo; Romeo y Julieta;
Para; Te pido compasión gritando: ¡amor, piedad!; Mi corazón;
Es necesario amarse; Ofrenda; Recomendación; Fatiga;
Consuelo; Delirium en Veracruz; Amor después del amor;
Prueba de amor; Amantes en invierno; No hay amor feliz; Sin
sentimientos; La mirada; Íntimos; Vela negra.*

Diseño de la colección:
José Crespo, Rosa Marín, Jesús Sanz
© Cubierta: Carlos Aguirre

Impreso en México

Todos los amores

Antología de poesía amorosa

Índice

Apéndices:

Buscando mis amores,
iré por esos montes y riberas;
ni cogeré las flores,
ni temeré las fieras,
y pasaré los fuertes y fronteras.

San Juan de la Cruz,
Canciones entre el alma y el esposo

TODOS LOS AMORES es una antología que reúne diferentes maneras de nombrar los amores. Aquí el lector o la lectora no encontrará solamente las palabras para seducir o agradar al ser amado, para decirse a sí mismo y decirle al mundo que se acaba de enamorar. Encontrará también las que podrá decirse a solas describiendo zonas oscuras o alegrías luminosas, abandonos o encuentros, despedidas y declaraciones. Sabrá la diversidad de sentimientos que bajo el término amor es capaz de percibir y crear el ser humano. Leerá también algunas de las incontables formas del texto literario, porque en el poema lo dicho cobra cuerpo en las palabras. Enunciar es recrear, volver a hacer. El amor no es una materia inerte: cada que entra a cobrar vida en un ser, adquiere un renovado aspecto y exige una nueva manera de expresión.

Este libro es un museo de corazones, si es ése el órgano donde debemos acomodar al amor y a los amores. Éste es un museo de amantes. Como cada cabeza es un mundo, así cada amor marca sus leyes y destinos. En cualquier forma de amor auténtica, se ejerce la libertad absoluta, como en cada texto literario. Pero en amores y poemas hay tendencias, tradiciones, formas creadas por el tiempo, por la sabiduría de los antiguos, comida y asimilada con el paso de los años. Amor y Poesía son hijos predilectos del Hombre.

Deseo que este libro sirva a los lectores jóvenes como una introducción a las posibilidades de amores y como un viaje literario. Aquí encontrarán textos de todos los tiempos y de todos los estilos, que elegí por gusto propio y pensando que serían interesantes y comprensibles para un lector joven. Si el amor nace por el encuentro con el otro, con el que no es uno mismo, la forma del poema surge cuando el territorio más íntimo de la persona se encadena en lo más colectivo: las palabras, el lenguaje, la forma literaria. Que sirva este libro de tránsito, de viaje hacia las diversidades y los tiempos, como una experiencia amorosa múltiple, es mi mejor deseo.

La antología ha sido ordenada en siete apartados: 1. Diciendo qué cosa es amor. 2. Tú eres mío, tú eres mía. 3. Celos. 4. La enfermedad del amor. 5. Renuncia de amor. 6. Amor y muerte. 7. Bodas jamás. Los poemas de cada una de estas divisiones están acomodados en estricto orden cronológico. El tiempo recomienza en cada nueva experiencia amorosa.

Si a los quince años yo hubiera leído este libro, y lo hubiera comprendido, tal vez una venda habría caído de mis ojos. Habría entendido que mi manera de amar no era la única, ni la Ley, ni el Molde. Habría tal vez aprendido a ser más tolerante, más feliz, menos tirana de mí misma. Yo invito a las y los lectores de mi edad de aquel entonces a que vivan este libro como un entrenamiento sentimental e intelectual, y a compartir la gran pasión de mi vida: el amor a la literatura.

Quiero por último aclarar que en el título se utiliza la

palabra "Todos" para invitar al contagio. Todos los amores no están aquí. El espacio de un libro no admite la existencia de tal multitud de posibilidades. Una limitación física me obligó a dejar muchos afuera. Por otra parte, no me cabe duda, lector, lectora, que tu amor será a su manera, y diferente.

Carmen Boullosa
México, Distrito Federal, julio de 1997

Diciendo qué cosa es amor...

No predico, no interrogo

Rubén Darío, *Abrojos*

Para el Amor no quiero tener...

Hadewych de Amberes
(hacia 1240)
Bélgica

...
Este canto que va más allá de toda palabra
—hablo del poderoso Amor—,
no puede revelarse
a los corazones fríos, ni a aquellos
que han sufrido poco por amar.
¿Qué sabrían ellos de este reino?
Sólo se da a los más nobles,
a los más audaces, alimentados con la leche
del Amor.

El invencible Amor desconcierta al Espíritu:
está cerca del que se extravía
y lejos del que lo coge.
Su paz no deja paz alguna.
¡Oh paz del puro Amor:
sólo el que haga suya su naturaleza
beberá esta leche consoladora!
Es por él mismo como se gana el Amor.

Diciendo qué cosa es Amor

Jorge Manrique
(1412-1490)
Castilla

1
Es amor fuerza tan fuerte
que fuerza toda razón,
una fuerza de tal suerte,
que todo seso convierte
en su fuerza y afición;

una porfía forzosa
que no se puede vencer,
cuya fuerza porfiosa
hacemos más poderosa
queriéndonos defender.

2
Es placer en que hay dolores,
dolor en que hay alegría,
un pesar en que hay dulzores,
un esfuerzo en que hay temores,
temor en que hay osadía;

un placer en que hay enojos,
una gloria en que hay pasión,
una fe en que hay antojos,
fuerza que hacen los ojos
al seso y al corazón.

Soneto amoroso definiendo el Amor

Franciso de Quevedo
(1580-1645)
España

Es hielo abrasador, es fuego helado,
es herida que duele y no se siente,
es un soñado bien, un mal presente,
es un breve descanso muy cansado;

es un descuido que nos da cuidado,
un cobarde, con nombre de valiente,
un andar solitario entre la gente,
un amar solamente ser amado;

es una libertad encarcelada,
que dura hasta el postrero parasismo;
enfermedad que crece si es curada.

Éste es el niño Amor, éste es su abismo.
¡Mirad cuál amistad tendrá con nada
el que en todo es contrario de sí mismo!

Significado de la palabra *yo amé*

(Imitación de Parny)
Gertrudis Gómez de Avellaneda
(1814-1873)
Cuba

Con *yo amé* dice cualquiera
Esta verdad desolante:
—Todo en el mundo es quimera,
No hay ventura verdadera
Ni sentimiento constante.
    Yo amé significa: —Nada
le basta al hombre jamás:
La pasión más delicada,
La promesa más sagrada,
Son humo y viento... ¡y no más!

Amor

Robert Louis Stevenson
(1850-1894)
Inglaterra

Amor... ¿qué es el amor?
El corazón grande y doliente,
dos manos restregándose con ansias,
y silencio, y una larga desesperanza.
Vida... ¿qué es la vida? Sobre un vacío desierto
ver al amor llegar y ver al amor despedirse.

He pasado toda la noche sin dormir

Fernando Pessoa
(1888-1935)
Portugal

He pasado toda la noche sin dormir, viendo, sin
    espacio, su figura.
Y viéndola siempre de maneras diferentes de
    como ella me parece.
Hago pensamientos con el recuerdo de lo que es
    ella cuando me habla,
Y en cada pensamiento cambia ella de acuerdo
    con su semejanza.
Amar es pensar.
Y yo casi me olvido de sentir sólo pensando en
    ella.
No sé bien lo que quiero, incluso de ella, y no
    pienso más que en ella.
Tengo una gran distracción animada.
Cuando deseo encontrarla
Casi prefiero no encontrarla,
Para no tener que dejarla luego.
No sé bien lo que quiero, ni quiero saber lo que
    quiero. Quiero tan sólo
Pensar en ella.
Nada le pido a nadie, ni a ella, sino pensar.

versión de Ángel Crespo

Lo indispensable

Jorge Guillén
(1893-1984)
España

Sin un verdadero amor,
Sin un quehacer verdadero
La Historia no justifica
Nuestro paso por la Tierra.

Al amor

Vicente Aleixandre
(1898-1984)
España

Un día para los hombres llegaste.
Eras, quizá, la salida del sol.
Pero eras más el mar, el duro, el terso, el transparente,
   amenazante mar que busca orillas,
que escupe luces, que deja atrás sus peces sin espinas
y que rueda por los pies de unos seres humanos,
ajeno al dolor o a la alegría de un cielo.

Llegaste con espuma, furioso, dulce, tibio, heladamente
   ardiente bajo los duros besos
de un sol constante sobre la piel quemada.

El bosque huyó, los árboles volaron.
Una sombra de pájaros oscureció un azul intangible.
Las rocas se cubrieron con un musgo de fábula.
Y allá remotamente, invisibles, los leones
   durmieron.

Delicado, tranquilo, con ojos donde la luz nunca
   todavía brilló,
ojos continuos para el vivir de siempre,
llegaste tú sin sombra, sin vestidos, sin odio,suave como
la brisa ligada al mediodía,
violento como palomas que se aman,

arrullador como esas fieras que un ocaso no extingue,
brillador en el día bajo un sol casi negro.
No, no eras el río, la fuga, la presentida fuga de unos
    potros camino del oriente.
Ni eras la hermosura terrible de los bosques.
Yo no podía confundirte con el rumor del viento sobre
    el césped,
donde el rostro de un hombre oye a la dulce tierra.

Lejos las ciudades extendían sus tentaculares raíces,
monstruos de Nínive, megaterios sin sombra,
pesadas construcciones de una divinidad derribada
    entre azufres,
que se quema convulsa mientras los suelos crujen.

Pero tú llegaste imitando la sencilla quietud de
    la montaña.
Llegaste como la tibia pluma cae de un cielo estremecido.
Como la rosa crece entre unas manos ciegas.
Como un ave surte de una boca adorada.
Lo mismo que un corazón contra otro pecho palpita.

El mundo, nadie sabe dónde está, nadie puede decidir
    sobre la verdad de su luz.
Nadie escucha su música veloz, que canta siempre cubierta
por el rumor de una sangre escondida.

Nadie, nadie te conoce, oh Amor, que arribas por
    una escala silenciosa,
por un camino de otra tierra invisible.
Pero yo te sentí, yo te vi, yo te adiviné.

A ti, hermosura mortal que entre mis brazos luchaste,
mar transitorio, impetuoso mar de alas furiosas
    como besos.
Mortal enemigo que cuerpo a cuerpo me venciste,
para escapar triunfante a tu ignorada patria.

Grande poema de amor fuerte

Joaquín Pasos
(1914- 1947)
Nicaragua

Mi amor está con las alas abiertas sobre el mar.
—Costas, aguas y espumas.
Mi amor brilla como las aguas sobre las aguas.
El mar es redondo.
El mar es pequeño.
Mi amor es una alga marina.

Mi amor es como un pájaro.
Mi amor es una perla de luz que crece con la mañana.

Quiero sembrar un árbol con esta ilusión que tengo.

Yo quiero un cielo grande como un patio para dejar
    resbalar mi amor.

Sobre rieles de viento.

Mi amor es azul y claro.

Quiero hacer florecer esta rosa en capullo.
Que tengo sembrada en el bolsillo.
Sol, ¡sol!, ¡sol!
Y agua.

Mi amor es un muchacho esbelto dentro de una
chaqueta.

Yo lo agarro y lo pongo sobre la mesa como un
muñeco y él vive con sus ojos inmensos.

Mi amor es un niño que imita el pito del automóvil.

Por la calle, yo llevo mi amor como una culebra
faldera,
amarrada del pescuezo por un hilo,
y ella se abraza a la calle
y dibuja la silueta del terreno.
Crece, crece, pompita de jabón,
Jocote en la punta de una rama madura,
botella del vidriero,
chimbomba de hule en la boca de un niño.

Todo. Porque es esférico completamente
y se envuelve todo.
Y porque está cerrado sin juntura.
Deja que la pelota de mi amor,
brinque en los peldaños de la escalera
y caiga en el agua de tu estanque.

(Mi amor, es fresco y suave como la languidez de tus
cabellos.)

Mi amor, mujer, es como tú misma.

¿Por qué ha estallado esta flor?

Mi amor está con las alas abiertas sobre el mundo.

Mi amor brilla como el mundo sobre el mundo.

El mundo es redondo.
¿El mundo es pequeño?
—Mi amor es un mundo.

Tú eres mío,
Tú eres mía

Niña hermosa que me humillas
con tus ojos grandes, bellos:
son para ellos, son para ellos
estas suaves redondillas.

Son dos soles, son dos llamas,
son la luz del claro día;
son su fuego, niña mía,
los corazones inflamas.

Y autores contemporáneos
dicen que hay ojos que prenden
ciertos chispazos que encienden
pistolas que rompen cráneos.

Rubén Darío. *Abrojos, XXXV*

Tú eres mío

Anónimo
Siglo I
Alemania

Tú eres mío, yo soy tuya:
puedes estar seguro de eso.
Estás encerrado en mi corazón,
la llave se perdió;
deberías quedarte adentro de él para siempre.

Besos para Catulo

Catulo
(87 a.C.-54 a.C.)
Roma

Vivamos, Lesbia mía, y amémonos.
Que los rumores de los viejos severos
nos tengan sin cuidado.
El sol puede salir y ponerse,
pero cuando acabe nuestra breve luz
dormiremos una noche sin fin.
Dame mil besos, después cien,
luego otros mil, luego otros cien,
después hasta dos mil, después otra vez cien;
luego, cuando lleguemos a muchos miles,
hay que perder la cuenta
para que no pueda el envidioso hechizarnos
si se conoce el total de nuestros besos.

Plenitud

Vidyapati
(1352-1448)
India

Canta, cuchillo despiadado,
Luna funesta, sigue en tu desolación,
Flechas de amor, disparen.
Ha vuelto, al fin, mi amor.
Otra vez tengo casa.
Otra vez tengo Dios.
Otra vez tengo cuerpo.
Soy yo.

versión de Gabriel Zaid

Escrito está en mi alma vuestro gesto...

Garcilaso de la Vega
(1501-1536)
Castilla

Escrito está en mi alma vuestro gesto,
y cuanto yo escribir de vos deseo;
vos sola lo escribiste, yo lo leo
tan solo, que aun de voz me guardo en esto.

En esto estoy y estaré siempre puesto;
que aunque no cabe en mí cuanto en vos veo,
de tanto bien lo que no entiendo creo,
tomando ya la fe por presupuesto.

Yo no nací sino para quereros;
mi alma os ha cortado a su medida;
por hábito del alma misma os quiero.

Cuanto tengo confieso yo deberos;
por vos nací, por vos tengo la vida,
por vos he de morir y por vos muero.

Romeo y Julieta
(fragmento)

William Shakespeare
(1564-1616)
Inglaterra

Julieta: ¡Mil veces buenas noches! (sale)

Romeo: ¡Malditas mil veces, faltándome tu luz!
       El amor corre hacia el amor
       tanto como los estudiantes se alejan de sus
       libros;
       pero el amor se distancia del amor
       con los ojos entristecidos,
       como los niños se dirigen a la escuela.

El consenso público...

Hölderlin
(1770-1843)
Alemania

¿No es más bella la vida de mi corazón
desde que amo? ¿Por qué me distinguíais más
cuando yo era más arrogante y arisco,
más locuaz y más vacío?

¡Ah! La muchedumbre prefiere lo que se cotiza,
las almas serviles sólo respetan lo violento.
Únicamente creen en lo divino
aquellos que también lo son.

versión de Federico Gorbea

Lo imperdonable

Hölderlin
(1770-1843)
Alemania

Olvidad a vuestros amigos, burláos de un artista,
denigrad, rebajad a un espíritu profundo,
Dios os lo perdonará. Pero nunca turbéis
la paz de los que se aman.

versión de Federico Gorbea

Para...

Percy Bysshe Shelley
(1792-1822)
Inglaterra

Temo tus besos, dulce dama.
Tú no necesitas temer los míos;
Mi espíritu va tan hondamente abrumado,
Que no puede agobiar al tuyo.

Temo tu porte, tus modos, tu movimiento.
Tú no necesitas temer los míos;
Es inocente la devoción del corazón
Con la que yo te adoro.

Ten compasión, amor, piedad...

John Keats
(1795-1821)
Inglaterra

¡Ten compasión, piedad, amor! ¡Amor, piedad!
Piadoso amor que no nos hace sufrir sin fin,
amor de un solo pensamiento, que no divagas,
que eres puro, sin máscaras, sin una mancha.
Permíteme tenerte entero... ¡Sé todo, todo mío!
Esa forma, esa gracia, ese pequeño placer
del amor que es tu beso... esas manos, esos ojos
   divinos,
ese tibio pecho, blanco, luciente, placentero,
incluso tú misma, tu alma...—por piedad dámelo todo,
no retengas un átomo de un átomo o me muero,
o si sigo viviendo, sólo tu esclavo despreciable,
¡olvida, en la niebla de la aflicción inútil,
los propósitos de la vida, el gusto de mi mente
perdiéndose en la insensibilidad, y mi ambición ciega!

Mi corazón

Robert Louis Stevenson
(1850-1894)
Inglaterra

Mi corazón, cuando el mirlo canta la primera,
mi corazón bebe su canto:
un fresco placer llena mi pecho
que expandido recorre cada nervio.

Mi pecho remolinea silencioso,
mi corazón está agitado y fresco
como cuando un rosal silvestre
   movido por el viento
arrastra una piedra al estanque.

Pero puesto en ti, cuando a ti te encuentro,
mi pulso se espesa y corre,
como cuando el lago alterado se ennegrece,
encrespándose al soplo del viento.

Es necesario amarse

Paul Fort
(1872-1960)
Francia

Amémonos sin misterio,
aquí, en la tierra, triunfantes.
No se ama en el cementerio.
¡Debemos amarnos antes!
Mi ceniza y tu ceniza las esparcirá la brisa.

El clamor

Alfonsina Storni
(1892-1938)
Argentina

Alguna vez, andando por la vida,
Por piedad, por amor,
Como se da una fuente, sin reservas,
Yo di mi corazón,

Y dije al que pasaba sin malicia
Y quizá con fervor:
—Obedezco a la ley que nos gobierna:
He dado el corazón.

Y tan pronto lo dije, como un eco
Ya se corrió la voz:
—Ved la mala mujer, esa que pasa:
Ha dado el corazón.

De boca en boca, sobre los tejados
Rodaba este clamor:
—¡Echádle piedras, eh, sobre la cara!
Ha dado el corazón.

Ya está sangrando, sí, la cara mía,
Pero no de rubor,
Que me vuelvo a los hombres y repito:
—¡He dado el corazón!

Ofrenda

Rainer Maria Rilke
(1875-1926)
Alemania

¡Oh, cómo florece mi cuerpo, desde cada vena,
con más aroma, desde que te reconozco!
Mira, ando más esbelto y más derecho,
y tú tan sólo esperas... ¿pero quién eres tú?

Mira: yo siento cómo distancio,
cómo pierdo lo antiguo, hoja tras hoja.
Sólo tu sonrisa permanece como muchas
   estrellas
sobre ti, y pronto también sobre mí.

A todo aquello que a través de mi infancia
sin nombre aún refulge, como el agua,
le voy a dar tu nombre en el altar
que está encendido de tu pelo
y rodeado, leve, con tus pechos.

Amor es más espeso que olvidar

e.e. cummings
(1894-1962)
E.U.A.

Amor es más espeso que olvidar
más tenue que recordar
más raro que una ola mojada
más frecuente que caer

es más loco y lunar
y menos no será
que todo el mar que sólo
es más profundo que el mar

Amor es menos siempre que ganar
menos nunca que vivo
menos grande que el comienzo más leve
menos pequeño que perdonar

es más solar y soleado
y más no puede morir
que todo el cielo que sólo
es más alto que el cielo.

versión de Octavio Paz

Recomendación

Langston Hughes
(1902-1967)
E.U.A.

Oigan, se los estoy diciendo:
nacer es duro,
morir es indigno:
entre uno y otro
lo mejor es conseguir
un poquito de amor.

Dos cuerpos

Octavio Paz
(1914)
México

Dos cuerpos frente a frente
son a veces dos olas
y la noche es océano.

Dos cuerpos frente a frente
son a veces dos piedras
y la noche desierto.

Dos cuerpos frente a frente
son a veces raíces
en la noche enlazadas.

Dos cuerpos frente a frente
son a veces navajas
y la noche relámpago

Dos cuerpos frente a frente
son dos astros que caen
en un cielo vacío.

Movimiento

Octavio Paz
(1914)
México

Si tú eres la yegua de ámbar
   yo soy el camino de sangre
Si tú eres la primera nevada
   yo soy el que enciende el brasero del alba
Si tú eres la torre de la noche
   yo soy el clavo ardiendo en tu frente
Si tú eres la marea matutina
   yo soy el grito del primer pájaro
Si tú eres la cesta de naranjas
   yo soy el cuchillo de sol
Si tú eres el altar de piedra
   yo soy la mano sacrílega
Si tú eres la tierra acostada
   yo soy la caña verde
Si tú eres el salto del viento
   yo soy el fuego enterrado
Si tú eres la boca del agua
   yo soy la boca del musgo
Si tú eres el bosque de las nubes
   yo soy el hacha que las parte
Si tú eres la ciudad profanada
   yo soy la lluvia de consagración
Si tú eres la montaña amarilla
   yo soy los brazos rojos del liquen

Si tú eres el sol que se levanta
yo soy el camino de sangre

¿Qué se ama cuando se ama?

Gonzalo Rojas
(1917)
Chile

¿Qué se ama cuando se ama, mi Dios: la luz terrible
   de la vida
o la luz de la muerte? ¿Qué se busca, qué se halla, qué
es eso: amor? ¿Quién es? ¿La mujer con su
   hondura, sus rosas, sus volcanes,
o este sol colorado que es mi sangre furiosa
cuando entro en ella hasta las últimas raíces?

¿O todo es un gran juego, Dios mío, y no hay mujer
ni hay hombre sino un solo cuerpo: el tuyo,
repartido en estrellas de hermosura, en partículas
fugaces de eternidad visible?

Me muero en esto, oh Dios, en esta guerra
de ir y venir entre ellas por las calles, de no poder
   amar
trescientas a la vez, porque estoy condenado siempre
   a una,
a esa una, a esa única que me diste en el viejo
   paraíso.

Vocales para Hilda

Gonzalo Rojas
(1917)
Chile

La que duerme ahí, la sagrada,
la que me besa y me adivina,
la translúcida, la vibrante,
la loca
de amor, la cítara
alta:

tú,

nadie
sino flexiblemente
tú,
tú alta,
en el aire alto
del aceite
original
de la Especie:

tú,

la que hila
en la velocidad
ciega
del sol:

tú,

la elegancia
de tu presencia
natural
tan próxima,
mi vertiente
de diamante, mi
arpa,
tan portentosamente mía:

tú,

paraíso
o
nadie
cuerda
para oír
el viento
sobre el abismo
sideral:

tú,

página
de piel más allá
del aire:

tú,

manos
que amé,
pies
desnudos
del ritmo
de marfil
donde puse
mis besos:

tú,

volcán
y pétalos,
llama;
lengua
de amor
viva:

tú,

figura
espléndida, orquídea
cuyo carácter aéreo
me permite
volar:

tú,

muchacha
mortal, fragancia
de otra música
de nieve
sigilosamente
andina:

tú,

hija del mar
abierto,
áureo,
tú que danzas
inmóvil
parada
ahí
en
la transparencia
desde
lo hondo
del principio:

tú,

cordillera, tú,
crisálida
sonámbula
en el fulgor
impalpable
de tu corola:

tú,

nadie: tú:

Tú,
Poesía,
tú,
Espíritu,
nadie:

tú,

que soplas
al viento
estas vocales
oscuras,
estos
acordes
pausados
en el enigma
de lo terrestre:

tú:

Toast

Javier Sologuren
(1921)
Perú

La inquieta fronda rubia de tu pelo
   hace de mí un raptor;
   hace de mí un gorrión
la derramada taza de tu pelo.

La colina irisada de tu pecho
   hace de mí un pintor;
   hace de mí un alción
la levantada ola de tu pecho.

Rebaño tibio bajo el sol de tu cuerpo
   hace de mí un pastor;
   hace de mí un halcón
el apretado blanco de tu cuerpo.

Cuando nos cubran las altas yerbas
y ellos

los trémulos   los dichosos
lleguen hasta nosotros
se calzarán de pronto
se medirán a ciegas
romperán las líneas del paisaje

y habrá deslumbramientos en el aire
giros lentos y cálidos
sobre entrecortados besos
nos crecerán de pronto los recuerdos
se abrirán paso por la tierra
se arrastrarán en la yerba
se anudarán a sus cuerpos

memorias palpitantes
tal vez ellos
los dichosos   los trémulos
se imaginen entonces
peinados por
desmesurados
imprevistos resplandores
luces altas
desde la carretera

Los amorosos

Jaime Sabines
(1926)
México

Los amorosos callan.
El amor es el silencio más fino,
el más tembloroso, el más insoportable.
Los amorosos buscan,
los amorosos son los que abandonan,
son los que cambian, los que olvidan.
Su corazón les dice que nunca han de encontrar,
no encuentran, buscan.

Los amorosos andan como locos
porque están solos, solos, solos,
entregándose, dándose a cada rato,
llorando porque no salvan al amor.
Les preocupa el amor. Los amorosos
viven al día, no pueden hacer más, no saben.
Siempre se están yendo,
siempre, hacia alguna parte.
Esperan,
no esperan nada, pero esperan.
Saben que nunca han de encontrar.
El amor es la prórroga perpetua,
siempre el paso siguiente, el otro, el otro.
Los amorosos son los insaciables,
los que siempre —¡qué bueno!— han de estar solos.

Los amorosos son la hidra del cuento.
Tienen serpientes en lugar de brazos.
Las venas del cuello se les hinchan
también como serpientes para asfixiarlos.
Los amorosos no pueden dormir
porque si se duermen se los comen
   los gusanos.

En la oscuridad abren los ojos
y les cae en ellos el espanto.
Encuentran alacranes bajo la sábana
y su cama flota como sobre un lago.

Los amorosos son locos, sólo locos,
sin Dios y sin diablo.

Los amorosos salen de sus cuevas
temblorosos, hambrientos,
a cazar fantasmas.
Se ríen de las gentes que lo saben todo,
de las que aman a perpetuidad, verídicamente,
de las que creen en el amor como en una
   lámpara de inagotable aceite.

Los amorosos juegan a coger el agua,
a tatuar el humo, a no irse.
Juegan el largo, el triste juego del amor.
Nadie ha de resignarse.
Dicen que nadie ha de resignarse.
Los amorosos se avergüenzan de toda
   conformación.

Vacíos, pero vacíos de una a otra costilla,
la muerte les fermenta detrás de los ojos,
y ellos caminan, lloran hasta la madrugada
en que trenes y gallos se despiden
   dolorosamente.

Les llega a veces un olor a tierra recién nacida,
a mujeres que duermen con la mano en el sexo,
    complacidas,
a arroyos de agua tierna y a cocinas.

Los amorosos se ponen a cantar entre labios
una canción no aprendida.
Y se van llorando, llorando
la hermosa vida.

Me desordeno, amor, me desordeno

Carilda Oliver Labra
(1924)
Cuba

Me desordeno, amor, me desordeno
cuando voy en tu boca, demorada,
y casi sin por qué, casi por nada,
te toco con la punta de mi seno.

Te toco con la punta de mi seno
y con mi soledad desamparada;
y acaso sin estar enamorada
me desordeno, amor, me desordeno;

Y mi suerte de fruta respetada
arde en tu mano lúbrica y turbada
como una mal promesa de veneno;

y aunque quiero besarte arrodillada,
cuando voy en tu boca, demorada,
me desordeno, amor, me desordeno.

La semana sin ti.
Viernes

Tomás Segovia
(1927)
España

Quisiera haber nacido de tu vientre
haber vivido alguna vez dentro de ti
desde que te conozco soy más huérfano

oh gruta tierna
rojo edén caluroso
qué alegría haber sido esa ceguera

quisiera que tu carne se acordase
de haberme aprisionado
que cuando me miraras
algo se te encogiese en las entrañas
que sintieras orgullo al recordar
la generosidad sin par con que tu carne
desanudaste para hacerme libre

por ti he empezado a descifrar
los signos de la vida
de ti quisiera haberla recibido.

Canción de seguimiento

Gabriel Zaid
(1934)
México

No soy el viento ni la vela
sino el timón que vela.

No soy el agua ni el timón
sino el que canta esta canción.

No soy la voz ni la garganta
sino lo que se canta.

No sé quién soy ni lo que digo
pero voy y te sigo.

Los pájaros no aman

José Antonio Masoliver Ródenas
(1939)
España

Los pájaros no aman
pero cantan
canciones que sí amamos
son de amor.
En el bosque de las mimosas
el polen perfuma
tu cuerpo.
Amar es una herida
de luz.
Vivimos un instante
de góndola y peces
dormidos.
Despertamos en el dolor.
Tus ojos son
dos corazones, dos
ánforas de bálsamo.
En el céfiro de los heliotropos
tu corazón es una dádiva.

Las flores no aman
pero iluminan el amor
y lo decoran.

Celos

Ponédle dentro el sol y las estrellas.
¿Aún no? Todos los rayos y centellas.
¿Aún no? Poned la aurora del oriente,
la sonrisa de un niño,
de una virgen la frente
y miradas de amor y de cariño.
¿Aún no se aclara? —Permanece obscuro,
siniestro y espantoso—.
Entonces dije yo: «¡Pues es seguro
que se trata del pecho de un celoso!»

Rubén Darío, *Abrojos XX*

¡Noche, hazte larga, pues sólo deseo...

Ibn Zaydun
(1003-1070)
Córdoba-Sevilla

¡Noche!, hazte larga, pues sólo deseo
  sentirte breve por estar con ella.
Si mi luna me acompañara,
  no sería pastor de la tuya.

¡Noche!, háblame, que yo
  me deleito cuando me hablas de ella.
¡Por Dios!, dime si me es fiel.

  La noche dijo: "¡No, te ha abandonado!"

traducción de Vicente Cantarino

Soneto de Filis contra los celos

Honoré d'Urfé
(1567-1625)
Francia

Ya no abrasa el Amor, o bien en vano abrasa;
su carcaj se perdió, se astillaron sus dardos,
ha quebrado sus flechas, ya embotadas sus   pun-
tas,
y en sus manos su arco se ha quedado sin fuerza.

O, sin ser de una incierta tarea ya el Arquero,
se deja a pensamientos conducir más sublimes,
o a nuestros corazones no dirije sus flechas,
o bien, en vez de amores, con desdenes hiere.

O bien, si hace que amemos, el amar ya es
    diverso
de lo que fuera antaño, y las leyes que impone
a las leyes que a todos nos daba contradicen.

Porque ahora el amar y el odiar son iguales,
porque para amar bien ser celoso es preciso.
Pues si así es el amor, no quiero ser amada.

versión de Luis Martínez de Merlo

Ella engaña mi fe con infieles palabras...

Jean Ogier de Gombauld
(hacia 1570-1666)
Francia

Ella engaña mi fe con infieles palabras
que la boca pronuncia y el corazón desmiente.
La pérfida se ríe de sus propias promesas
y de ello se gloría, y aún más bella parece.

En vez de castigarla, como a un criminal,
o con algún tormento, o alguna desventura,
parece, al ver sus ojos que tan radiantes brillan,
que cuando es cruel conmigo, dulce el cielo es
    con ella.

Todo le otorga el cielo, hasta el decepcionarme.
No hay que volver a verla, ni volver a escucharla,
y sin mí su aspereza no podrá ejercitarse.

Corazón ¿tú que dices? en suspenso te
    encuentras.
¿Es que aún no has probado bastante su malicia?
Piérdela para siempre, o si no, estás perdido.

versión de Luis Martínez de Merlo

Esta tarde, mi bien, cuando te hablaba

Sor Juana Inés de la Cruz
(1651-1695)
México

Esta tarde, mi bien, cuando te hablaba,
como en tu rostro y tus acciones vía
que con palabras no te persuadía,
que el corazón me vieses deseaba;

y Amor, que mis intentos ayudaba,
venció lo que imposible parecía:
pues entre el llanto, que el dolor vertía,
el corazón deshecho destilaba.

Baste ya de rigores, mi bien, baste;
no te atormenten más celos tiranos,
ni el vil recelo tu quietud contraste

con sombras necias, con indicios vanos,
pues ya en líquido humor viste y tocaste
mi corazón deshecho entre tus manos.

Renuncia de amor

¿Cómo decía usted, amigo mío?
¿Que el amor es un río? No es extraño.
Es ciertamente un río
que, uniéndose al confluente del desvío,
va a perderse en el mar del desengaño.

Rubén Darío, *Abrojos II*

Renuncia de amor

Catulo
(87 a.C.-54 a.C.)
Roma

Desgraciado Catulo, deja de hacer tonterías,
y lo que ves perdido, dalo por perdido.
Brillaron una vez para ti soles luminosos,
cuando ibas a donde te llevaba tu amada,
querida por ti como no lo será ninguna.
Entonces se sucedían escenas divertidas,
que tú buscabas y tu amada no rehusaba.
Brillaron de verdad para ti soles luminosos.
Ahora ella ya no quiere; tú, no seas débil, tampoco,
ni sigas sus pasos ni vivas desgraciado,
sino endurece tu corazón y mantente firme.
¡Adiós, amor! Ya Catulo se mantiene firme:
ya no te cortejará ni te buscará contra tu voluntad.
Pero tú lo sentirás, cuando nadie te corteje.
¡Malvada, ay de ti! ¡Qué vida te espera!
¿Quién se te acercará ahora? ¿Quién te verá
    hermosa?
¿De quién te enamorarás? ¿De quién se dirá que eres?
¿A quién besarás? ¿Los labios de quién morderás?
Pero tú, Catulo, resuelto, mantente firme.

versión de Antonio Ramírez de Verger

¿¡Cómo mudaré la amistad de ayer!?

Ibn Zaydun
(994-1063)
Córdoba-Sevilla

¡¿Cómo mudaré la amistad de ayer!?
   ¿Cómo quebrantaría mi promesa
cuando fuiste la meta feliz de mis deseos,
   que por ello nunca te olvidaron?
Si tuvieras por mí
   el amor que te tengo,
largas serían tus noches desde mi marcha
   como son largas las mías desde tu partida.
Pide mi vida; te la doy
   pues tú no me respondes.
El destino es mi esclavo, pues
   me hice por tu amor esclavo tuyo.

versión de Vicente Cantarino

Dentro de mi alma fue de mí engendrado

Garcilaso de la Vega
(1501-1536)
Castilla

Dentro de mi alma fue de mí engendrado
un dulce amor, y de mi sentimiento
tan aprobado fue su nacimiento
como de un solo hijo deseado;

mas luego dél nació quien ha estragado
del todo el amoroso pensamiento;
que en áspero rigor y en gran tormento
los primeros deleites ha trocado.

¡Oh crudo niego, que das vida al padre
y matas al abuelo! ¿por qué creces
tan disconforme a aquel de que has nacido?

¡Oh celoso temor! ¿a quién pareces?
¡Que la envidia, tu propia y fiera madre,
se espanta en ver el mostro que ha parido!

El arco de la vida

Hölderlin
(1770-1843)
Alemania

Mi espíritu tendía hacia los cielos, mas el amor
pronto lo hizo descender y ahora, las penas lo
    doblegan.
Así voy recorriendo los caminos de la vida
y acabo por volver al punto de partida.

versión de Federico Gorbea

Filosofía del amor

Percy Bysshe Shelley
(1792-1822)
Inglaterra

Las fuentes se unen con el río
y los ríos con el Océano.
Los vientos celestes se mezclan
por siempre con calma emoción.
Nada es singular en el mundo:
todo por una ley divina
se encuentra y funde en un espíritu.
¿Por qué no el mío con el tuyo?

Las montañas besan el Cielo,
las olas se engarzan una a otra.
¿Qué flor sería perdonada
si menospreciase a su hermano?
La luz del sol ciñe a la tierra
y la luna besa a los mares:
¿para qué esta dulce tarea
si luego tú ya no me besas?

versión de Juan Abeleira y Alejandro Valero

Los robles
(fragmento)

Rosalía de Castro
(1836-1885)
Galicia, España

Alma que vas huyendo de ti misma,
¿qué buscas, insensata, en las demás?
Si en ti secó la fuente del consuelo,
secas todas las fuentes has de hallar.

¡Que hay en el cielo estrellas todavía,
y hay en la tierra flores perfumadas!
¡Sí!... Mas no son ya aquellas
que tú amaste y te amaron, desdichada.

Fatiga

Hilaire Belloc
(1870-1959)
Francia-Inglaterra

Estoy cansado del Amor,
más todavía de la Rima.
Pero el Dinero
siempre me mima.

Eternidades

Juan Ramón Jiménez
(1881-1958)
España

Te conocí, porque al mirar la huella
de tu pie en el sendero,
me dolió el corazón que me pisaste.

Corrí loco; busqué por todo el día,
como un perro sin amo.

...¡Te habías ido ya! Y tu pie
pisaba mi corazón en un huir sin término
cual si él fuera el camino
que te llevaba para siempre...

Grises

Cavafis
(1883-1933)
Grecia

Mirando un ópalo casi gris
recordé unos hermosos ojos grises
que había visto hará unos veinte años...
....
Nos amamos un mes.
Marchó después a Esmirna, creo,
a trabajar allí y no nos vimos más.

Se habrán empañado —si vive— aquellos ojos;
ajado estará aquel rostro hermoso.

Guárdalos tú, memoria mía, como eran.
Y cuanto de mi amor puedas, memoria,
cuanto puedas, tráemelo de nuevo esta noche.

versión de Pedro Bádenas de la Peña

Recuerda, cuerpo...

Cavafis
(1883-1933)
Grecia

Recuerda, cuerpo, no sólo cuánto se te amó,
no sólo los lechos donde estuviste echado,
mas también aquellos deseos que, por ti,
en miradas brillaron claramente
y en la voz se estremecieron —y que un
obstáculo fortuito los frustró.
Ahora que todo se halla en el pasado,
parece casi que a los deseos
aquellos te hubieras entregado —cómo brillaban,
recuerda, en los ojos que te miraban;
cómo en la voz por ti se estremecían,
recuerda, cuerpo.

versión de Pedro Bádenas de la Peña

Razón de amor
(fragmento)

Pedro Salinas
(1892-1951)
España

No, nunca está el amor.
Va, viene, quiere estar
donde estaba o estuvo.
Planta su pie en la tierra,
en el pecho; se vuela
y se posa o se clava
—azor siempre o saeta—
en un cielo distante,
que está a veces detrás,
y va de presa en presa.
En las noches mullidas
de estrellas y luceros
se tiende a descansar.
Allá arriba, celeste
un momento, la tierra
es el cielo del cielo.

Me alegra que tu dolencia

Marina Tsvetaeva
(1892-1941)
Moscú

Me alegra que tu dolencia no sea causada por mí.
La mía no es causa tuya. Me alegra saber
que la pesada tierra jamás se moverá
de nosotros, bajo nuestros pies, así que
podemos relajarnos juntos, y no cuidar
lo que decimos. Cuando nuestras mangas se rocen,
no nos ahogaremos en las olas del rubor naciente.

Me alegra verte ahora abrazar serenamente
a otra mujer enfrente mío, sin
ningún deseo de causarme dolor, como tú
no ardes si beso a otro.
Sé que nunca usas mi amoroso nombre o
mi espíritu amoroso, ni de noche ni de día. Y
nadie en el silencio de una iglesia cantará Aleluyas
    por nosotros.

Gracias por amarme así,
porque sientes amor, aunque no lo sepas.
Gracias por las noches que he pasado vacías.
Gracias por las caminatas bajo la luna
que me has ahorrado, y los atardeceres que no
    compartimos.

Te doy las gracias. El sol jamás bendecirá nuestras
   cabezas.
Recibe mi triste agradecimiento por esto: tú no
   causas mi dolencia. Yo no causo la tuya.

¿Qué es nuestra gitana pasión por separarnos?

Marina Tsvetaeva
(1892-1941)
Moscú

¿Qué es esta nuestra gitana pasión por separarnos,
la premura por escapar,
    si apenas acabamos de conocernos?
Mi cabeza reposa en mis manos cuando
    caigo en la cuenta, mirando a través de la noche,

que nadie al voltear nuestras cartas ha comprendido
    que somos por completo y en lo más hondo
seres sin fe, lo que equivale a decir:
    cuán fieles somos con nosotros mismos.

Breve romance de ausencia

Salvador Novo
(1904-1974)
México

Único amor, ya tan mío
que va sazonando el Tiempo;
¡qué bien nos sabe la ausencia
cuando nos estorba el cuerpo!

Mis manos te han olvidado
pero mis ojos te vieron
y cuando es amargo el mundo
para mirarte los cierro.

No quiero encontrarte nunca,
que estás conmigo y no quiero
que despedace mi vida
lo que fabrica mi sueño.

Como un día me la diste
viva tu imagen poseo,
que a diario lavan mis ojos
con lágrimas tu recuerdo.

Otro se fue, que no tú,
amor que clama el silencio
si mis brazos y tu boca
con las palabras partieron.

Otro es éste, que no yo,
mudo, conforme y eterno
como este amor,
ya tan mío
que irá conmigo muriendo.

Consuelo

René Char
(1907)
Francia

Por las calles de la ciudad va mi amor. Poco importa a dónde vaya en este roto tiempo. Ya no es mi amor: el que quiera puede hablarle. Ya no se acuerda: ¿quién en verdad le amó?

Mi amor busca su semejanza en la promesa de las miradas. El espacio que recorre es mi fidelidad. Dibuja la esperanza y en seguida la desprecia. Prevalece sin tomar parte en ello.

Vivo en el fondo de él como un resto de felicidad. Sin saberlo él, mi soledad es su tesoro. Es el gran meridiano donde se inscribe su vuelo, mi libertad lo vacía.

Por las calles de la ciudad va mi amor. Poco importa a dónde vaya en este roto tiempo. Ya no es mi amor: el que quiera puede hablarle. Ya no se acuerda: ¿quién en verdad le amó y le ilumina de lejos para que no caiga?

Delirium en Veracruz

Malcolm Lowry
(1909-1957)
Inglaterra

¿Adónde diablos fue a dar la ternura?,
le preguntó al espejo del Hotel Biltmore,
cuarto 216. Ah, su reflejo puede apoyarse contra el
vidrio, también, preguntándose adónde me he ido,
   hacia cuál horror.
¿Es eso que me mira con terror
atrás de tu frágil cerca torcida? La ternura
estuvo aquí, en este mismo cuarto, en este
lugar, su forma fue vista aquí,
sus llantos escuchados por ti.
¿Cuál error está aquí? ¿Soy yo esta imagen borrosa?
¿Es éste el fantasma del amor que tú reflejaste?
¿Ahora con fondo de tequila, colillas,
cuellos sucios, bicarbonato de sodio, y esta página
garabateada a los muertos, el teléfono descolgado? ...en-
furecido hizo añicos todo el vidrio del cuarto.
(La cuenta: $50 dólares).

Amor después del amor

Derek Walcott
(1930)
Santa Lucía

Llegará el momento
en el que, con júbilo,
te darás a ti mismo la bienvenida, llegando
a tu propia puerta, en tu propio espejo,
y cada uno sonreirá a la bienvenida del otro,

y dime, siéntate aquí. Come.
Amarás de nuevo al extraño que fue tú mismo.
Da vino. Da pan. Da tu corazón, regrésalo
a sí mismo, al extraño que te ha amado,

toda tu vida, a quien ignoraste
por otro, que te conoce como a la palma de tu
    mano.
Baja las cartas de amor del librero,

las fotografías, los recados desesperados,
desprende, pela tu propia imagen del espejo.
Siéntate. Regocíjate con tu propia vida.

Adiós

Claudio Rodríguez
(1934)
España

Cualquier cosa valiera por mi vida
esta tarde. Cualquier cosa pequeña
si alguna hay. Martirio me es el ruido
sereno, sin escrúpulos, sin vuelta
de tu zapato bajo. ¿Qué victorias
busca el que ama? ¿Por qué son tan derechas
estas calles? Ni miro atrás ni puedo
perderte ya de vista. Esta es la tierra
del escarmiento: hasta los amigos
dan mala información. Mi boca besa
lo que muere, y lo acepta. Y la piel misma
del labio es la del viento. Adiós. Es útil
norma este suceso, dicen. Queda
tú con las cosas nuestras, tú, que puedes,
que yo me iré donde la noche quiera.

La enfermedad del amor

Cantaba como un canario
mi amada alegre y gentil,
y danzaba al son del piano,
del oboe y del violín.
Y era el ruido estrepitoso
de su rítmico reír,
eco de áureas campanillas,
son de liras de marfil
sacudidas en el aire
por un loco serafín.
Y eran su canto, su baile,
y sus carcajadas mil,
puñaladas en el pecho,
puñaladas para mí,
de las cuales llevo adentro
la imborrable cicatriz.

Rubén Darío, *Abrojos XVIII*

Cantos de amor del antiguo Egipto

Anónimo
(alrededor de 1,500 a.C)
Egipto

Iré a acostarme a mi morada,
y fingiré que estoy enfermo.
Entonces mis vecinos vendrán,
   para ver lo que me pasa.
Y, con ellos, vendrá mi amada.

Hará la medicina inútil,
pues ella conoce mi mal.

versión de Borja Folch

Prueba de amor

Catulo
(87 a.C.-54 a.C.)
Roma

Lesbia dice pestes de mí todo el tiempo.
   ¡Que me muera, si Lesbia no me
    quiere!
¿Cómo lo sé? Porque me pasa lo mismo;
   la maldigo aquí y allá, pero ¡que me muera
    si no la quiero!

El collar de la paloma
(fragmento)

Ibn Hazn de Córdoba
(994-1063)
Córdoba

¿Hay quien pague el precio de sangre del
   asesinado por amor?
¿Hay quien rescate al cautivo del amor?
¿O podrá acaso el destino hacerme retroceder
   hacia mi amada,
como en aquel día que pasamos junto al río?
Lo pasé nadando y estaba sediento:
¡Qué maravilla uno que nada y tiene sed!
El amor, dueño mío, me dejó tan extenuado,
que no pueden verme los ojos de los que me visitan.
¿Cómo se las arregló el amor para llegar
a quien es invisible para todos?
El médico se ha aburrido de intentar curarme
y hasta mis émulos sienten piedad de mi
   dolencia.

versión de Emilio García Gómez

Me dejaste, ¡oh, gacela!...

Ibn Zaydun
(1003-1070)
Córdoba-Sevilla

Me dejaste, ¡oh, gacela!,
   atado en manos del infortunio.
Desde que me alejaste de ti,
   no he conocido placer de sueño.
¡Si entrara en mi destino un gesto
   tuyo o una mirada fortuita!
Mi intercesor —¡mi verdugo!—
   en el amor es tu bello rostro.
Estaba libre del amor
   y yo hoy me veo rendido.
Fue mi secreto silencioso
   y ahora ya se sabe.
No hay escape de ti,
   lo que desees para mí,
               así sea.

versión de Vicente Cantarino

La vida nueva
(fragmento)

Dante
(1265-1321)
Italia

Muchas veces me vienen a la cabeza
la oscura cualidad que me da el Amor
y me tengo lástima y así me digo:
¡Ay de mí!, ¿les pasa esto a otros?;

porque tan hábilmente me asalta el amor
que la vida casi me abandona:
sólo un hilo de espíritu deja medio vivo,
uno que sólo por ti vive y razona.

Luego me esfuerzo, yo deseo salvarme,
y casi muerto, sin ningún valor,
vengo a verte, creyendo así curarme:

y cuando alzo los ojos para observarte
en mi corazón se inicia un terremoto
que suspende en mi alma todos los latidos.

¿Quién mata con más rigor?

Lope de Vega
(1562-1635)
España

¿Quién mata con más rigor?
    Amor.
¿Quién causa tantos desvelos?
    Celos.
¿Quién es el mal de mi bien?
    Desdén
¿Qué más que todos también
una esperanza perdida,
pues que me quitan la vida
amor, celos y desdén?

¿Qué fin tendrá mi osadía?
    Porfía.
¿Y qué remedio mi daño?
    Engaño.
¿Quién es contrario a mi amor?
    Temor.
Luego es forzoso el rigor,
y locura el porfiar,
pues mal se pueden juntar
porfía, engaño y temor.

¿Qué es lo que el amor me ha dado?
    Cuidado.

¿Y qué es lo que yo le pido?
   Olvido.
¿Qué tengo del bien que veo?
Deseo.
Si en tal locura me empleo,
que soy mi propio enemigo,
presto acabarán conmigo
cuidado, olvido y deseo.

Nunca mi pena fue dicha.
   Desdicha.
¿Qué guarda mi pretensión?
   Ocasión.
¿Quién hace a amor resistencia?
   Ausencia.
Pues ¿dónde hallará paciencia,
aunque a la muerte le pida,
si me han de acabar la vida
desdicha, ocasión y ausencia?

Al amor y a la mar corresponde lo amargo...

Pierre de Marbeuf
(hacia 1596-después de 1635)
Francia

Al amor y a la mar corresponde lo amargo,
pues amarga es la mar y es amargo el amor,
uno igual en la mar que en el amor se abisma,
pues al mar y al amor no les faltan tormentas.

El que tema las aguas que se quede en la orilla,
el que tema los males que por amor se sufren,
que no se deje nunca del amor inflamar,
y el azar del naufragio no tocará a ninguno.

La madre del amor tuvo a la mar por cuna,
del amor sale el fuego, de las aguas su madre,
mas contra el fuego el agua blandir armas no puede.

Si extinguir una hoguera de amor pudiera el agua,
tu amor que me consume de tal forma me duele,
que apagara su fuego con la mar de mi llanto.

versión de Luis Martínez de Merlo

Qué imagen de la muerte rigurosa

Francisco de Quevedo
(1580-1645)
España

¿Qué imagen de la muerte rigurosa,
qué sombra del infierno me maltrata?
¿Qué tirano cruel me sigue y mata
con vengativa mano licenciosa?

¿Qué fantasma, en la noche temerosa,
el corazón del sueño me desata?
¿Quién te venga de mí, divina ingrata,
más por mi mal que por tu bien hermosa?

¿Quién, cuando, con dudoso pie y incierto,
piso la soledad de aquesta arena,
me puebla de cuidados el desierto?

¿Quién el antiguo son de mi cadena
a mis orejas vuelve, si es tan cierto,
que aun no te acuerdas tú de darme pena?

Error acertado en condición mudable

Francisco de Quevedo
(1580-1645)
España

El día que me aborreces, ese día
tengo tanta alegría,
como pesar padezco cuando me amas
y tu dueño me llamas.
Porque cuando indignada me aborreces,
en tu mudable condición me ofreces
señas de luego amarme con extremo;
y cuanto más me amas, Laura, temo
de tus mudanzas, como firme amante,
que me has de aborrecer en otro instante.
Ansí que, por mejor, eligir quiero
la esperanza del gusto venidero,
aunque esté desdeñado,
que el engañoso estado
de posesión tan bella
sujeto al torpe miedo de perdella.

Al que ingrato me deja, busco amante

Sor Juana Inés de la Cruz
(1651-1695)
México

Al que ingrato me deja, busco amante;
al que amante me sigue, dejo ingrata;
constante adoro a quien mi amor maltrata;
maltrato a quien mi amor busca constante.

Al que trato de amor, hallo diamante,
y soy diamante al que de amor me trata;
triunfante quiero ver al que me mata,
y mato al que me quiere ver triunfante.

Si a éste pago, padece mi deseo;
si ruego a aquél, mi pundonor enojo:
de entrambos modos infeliz me veo.

Pero yo, por mejor partido, escojo
de quien no quiero, ser violento empleo,
que, de quien no me quiere, vil despojo.

Buena opinión

Hölderlin
(1770-1843)
Alemania

Postrada estás y enferma, ¡vida mía!
Y con tanto llanto mi corazón se agota,
Y me estremezco... Pero no. Creo
que mientras ames no podrás morir.

versión de Federico Gorbea

EL Vampiro

Delmira Agustini
(1886-1914)

En el regazo de la tarde triste
yo invoqué tu dolor... Sentirlo era
¡sentirse el corazón! Palideciste
hasta la voz, tus párpados de cera

bajaron... y callaste... Pareciste
oír la Muerte... Yo me abriera
tu herida mordí en ella –¿me sentiste?
¡como en el oro de un panal mordiera!

Y exprimí más, traidora, dulcemente
tu corazón hido mortalmente,
por la cruel daga rara y exquisita
de un mal sin nombre, hasta sangrarlo en llanto.

Y las mil bocas de mi sed maldita
tendí en esa fuente abierta en tu quebranto.

¿Por qué fui tu vampiro?

¿Soy flor o estirpe de una especie oscura
que come llagas y que bebe el llanto?

La noche entró en la sala adormecida
arrastrando el silencio a pasos lentos...
Los sueños son tan quedos que una herida
sangrar se oiría. Rueda en los momentos

una palabra insólita, caída
como una hoja de otoño... Pensamientos
suaves tocan mi frente dolorida,
tal manos frescas ¡ah!... ¿por qué tormentos

misteriosos los rostros palidecen
dulcemente?... Tus ojos me parecen
dos semillas de luz entre sombra,

y hay en mi alma un gran florecimiento
si en mí los fijas: si los bajas, siento
como si fuera a florecer la alfombra.

Amantes en invierno

Robert Graves
(1895-1985)
Inglaterra

La posición del árbol
es muestra del perseverante viento,
y de la nuestra y larga miseria
cuando eres fastidiosa largo tiempo.

Pero hacia adelante nos inclinamos, mira
—no hacia atrás, como dudando—,
y todavía con ramas verdes
echamos fuera nuestro mal clima.

No hay amor feliz

Louis Aragón
(1897-1982)
Francia

Nada es adquirido nunca por el hombre. Ni su fuerza
Ni su debilidad ni su valor. Y cuando cree
Abrir sus brazos, su sombra es la de una cruz.
Y cuando cree abrazar su dicha, la tritura.
Su vida es un extraño y doloroso divorcio.

No hay amor feliz

Su vida se asemeja a esos soldados sin armas
Que se habían vestido para otro destino.
De qué puede servirles levantarse temprano
Si a la noche se les halla desarmados, vacilantes.
Decid estas palabras "Mi vida". Y contener las
lágrimas.

No hay amor feliz

Mi bello amor, mi querido amor, mi dolor profundo,
Conmigo te llevo igual que un pájaro herido.
Y aquéllos sin saberlo nos ven pasar,
Y tras de mí repiten las palabras que fui trenzando
Y que por tus grandes ojos murieron enseguida.

No hay amor feliz

El tiempo de aprender a vivir está ya tan lejos
Que en la noche lloran nuestros corazones
    unidos.
La desgracia requerida para la canción sencilla,
La tristeza requerida para un estremecimiento,
El sollozo requerido para un son de guitarra.

No hay amor feliz

No hay amor que no sea al mismo tiempo dolor.
No hay amor que no esté unido al martirio.
No hay amor que no cause una herida.
Y lo mismo que el tuyo, el amor de la patria.
No hay amor que no viva de llantos.

No hay amor feliz
Pero es nuestro amor

Te quiero

Luis Cernuda
(1902-1963)
España

Te quiero.

Te lo he dicho con el viento,
Jugueteando como animalillo en la arena
O iracundo como órgano tempestuoso;
Te lo he dicho con el sol,
Que dora desnudos cuerpos juveniles
Y sonríe en todas las cosas inocentes;

Te lo he dicho con las nubes,
Frentes melancólicas que sostiene el cielo,
Tristezas fugitivas;

Te lo he dicho con las plantas,
Leves criaturas transparentes
Que se cubren de rubor repentino

Te lo he dicho con el agua,
Vida luminosa que vela un fondo de sombra;
Te lo he dicho con el miedo,
Te lo he dicho con la alegría,
Con el hastío, con las terribles palabras.

Pero así no me basta:
Más allá de la vida,
Quiero decírtelo con la muerte;
Más allá del amor,
Quiero decírtelo con el olvido.

Asma es amor

Gonzalo Rojas
(1917)
Chile

Más que por la A de amor estoy por la A
de asma, y me ahogo
de tu no aire, ábreme
alta mía única anclada ahí, no es bueno
el avión de palo en el que yaces con
vidrio y todo en esas tablas precipicias, adentro
de las que ya no estás, tu esbeltez
ya no está, tus grandes
pies hermosos, tu espinazo
de yegua de Faraón, y es tan difícil
este resuello, tú
me entiendes: asma
es amor.

Quien se arranca el corazón del pecho en la noche...

Paul Celan
(1920-1970)
Bucovina-Francia

Quien se arranca el corazón del pecho en la
    noche, quiere alcanzar la rosa.
Suya es su hoja y su espina,
a él le deposita la luz en el plato,
a él le llena los vasos de aliento,
a él le susurran las sombras del amor.

Quien se arranca el corazón del pecho hacia la
    noche y lo lanza a lo alto,
ése no yerra el blanco,
ése lapida la piedra,
a él le suena la sangre del reloj,
a él le quita su hora con un golpe el tiempo de
    la mano:
él puede jugar con pelotas más bellas
y hablar de ti y de mí.

versión de Jesús Munárriz

Naufragio inconcluso

Alejandra Pizarnik
(1936-1972)
Argentina

Este temporal a destiempo, estas rejas en las ni-
ñas de mis ojos, esta pequeña historia de amor que
se cierra como un abanico que abierto mostraba a la
bella alucinada: la más desnuda del bosque en el
silencio musical de los abrazos.

Que tanto y tanto amor se pudra...

Eduardo Lizalde
(1929)
México

Que tanto y tanto amor se pudra, oh dioses;
que se pierda
tanto increíble amor.
Que nada quede, amigos,
de esos mares de amor,
de estas verduras pobres de las eras
que las vacas devoran
lamiendo el otro lado del césped,
lanzando a nuestros pastos
las manadas de hidras y langostas
de sus lenguas calientes.

Como si el verde pasto celestial,
el mismo océano, salado como arenque,
hirvieran.
Que tanto y tanto amor
y tanto vuelo entre unos cuerpos
al abordaje apenas de su lecho se desplome.

Que una sola munición de estaño luminoso,
una bala pequeña,
un perdigón inocuo para un pato,
derrumbe al mismo tiempo todas las bandadas
y desgarre el cielo con sus plumas.

Que el oro mismo estalle sin motivo.
Que un amor capaz de convertir al sapo en rosa
se destroce.

Que tanto y tanto amor, una vez más, y tanto,
tanto imposible amor inexpresable,
nos vuelva tontos, monos sin sentido.

Que tanto amor queme sus naves
antes de llegar a tierra.

Es esto, dioses, poderosos amigos, perros,
niños, animales domésticos, señores,
lo que duele.

Tiempo mezquino

Claudio Rodríguez
(1934)
España

Hoy con el viento del Norte
me ha venido aquella historia.
Mal andaban por entonces
mis pies y peor mi boca
en aquella ciudad de hosco
censo, de miseria y de honra.
Entre la vieja costumbre
de rapiña y de lisonja,
de pobre encuesta y de saldo
barato, iba ya muy coja
mi juventud. ¿Por qué lo hice?
Me avergüenzo de mi boca
no por aquellas palabras
sino por aquella boca
que besó. ¿Qué tiempo hace
de ello? ¿Quién me lo reprocha?
Un sabor a almendra amarga
queda, un sabor a carcoma;
sabor a traición, a cuerpo
vendido, a caricia pocha.

Ojalá el tiempo tan sólo
fuera lo que se ama. Se odia
y es tiempo también. Y es canto.

Te odié entonces y hoy me importa
recordarte, verte enfrente
sin que nadie nos socorra
y amarte otra vez, y odiarte
de nuevo. Te beso ahora
y te traiciono ahora sobre
tu cuerpo. ¿Quién no negocia
con lo poco que posee?
Si ayer fue venta, hoy es compra;
mañana, arrepentimiento.
No es la sola hora la aurora.

Amor y muerte

¡Oh, mi adorada niña!
Te diré la verdad:
tus ojos me parecen
brasas tras un cristal;
tus rizos, negro luto;
y tu boca sin par,
la ensangrentada huella
del filo del puñal.

Rubén Darío, *Abrojos, X*

Pensando en una mujer muerta

Su Tung P'O
(1037-1101)
China

Diez años: cada día más lejos,
Cada día más borrosos, la muerta y el vivo.
No es que quiera recordar: no puedo olvidar.
A miles de *li* su tumba sola.
Pensamientos de ella, hacia ella: sin ella.
Si volviésemos a encontrarnos,
No me reconocerías:
El pelo blanco,
La cara del polvo mi cara.

Anoche soñé que regresaba a casa.
Te veía a través de la ventana de tu cuarto.
Te peinabas y me veías pero no hablabas.
Nos mirábamos, llorando.
Yo sé el lugar donde se rompe mi corazón:
La cima de cipreses bajo la luna.

versión de Octavio Paz.

Quejas de Menón por Diótima
(fragmento)

Hölderlin
(770-1843)

¡Luz del amor!
¡Brillas tú también para los muertos,
tú, dorada!

La canción que oyó en sueños el viejo
(fragmento)

Rosalía de Castro
(1836-1885)
Galicia, España

VI
De pronto el corazón, con ansia extrema
mezclada a un tiempo de placer y espanto,
latió, mientras su labio murmuraba:
«¡No, los muertos no vuelven de sus antros!...»

Él era y no era él; mas su recuerdo,
dormido en lo profundo
del alma, despertóse con violencia
rencoroso y adusto.

—No soy yo, ¡pero soy! —murmuró el viento—,
y vuelvo, amada mía,
desde la eternidad para dejarte
ver otra vez mi incrédula sonrisa.

«¡Aún has de ser feliz! —te dije un tiempo,
cuando me hallaba al borde de la tumba—.
Aún has de amar»; y tú, con fiero enojo,
me respondiste: ¡Nunca!»

«¡Ah! ¿Del mudable corazón has visto
los recónditos pliegues?»,
volví a decirte. Y tú, llorando a mares,
repetiste: ¡Tú solo, y para siempre!»

Después, era una noche como aquéllas;
y un rayo de la luna, el mismo acaso
que a ti y a mí nos alumbró importuno,
os alumbraba a entrambos.

Cantaba un grillo en el vecino muro,
y todo era silencio en la campiña,
¿no te acuerdas, mujer? Yo vine entonces,
sombra, remordimiento o pesadilla.

Mas tú, engañada recordando al muerto,
pero también del vivo enamorada,
te olvidaste del cielo y de la tierra
y condenaste el alma.

Una vez, una sola,
aterrada volviste de ti misma,
¡como para sentir mejor la muerte,
de la sima al caer, vuelve la víctima!

Y aun entonces, ¡extraño cuanto horrible
reflejo del pasado!,
el abrazo convulso de tu amante
te recordó, mujer, nuestros abrazos.

«¡Aún has de ser feliz!», te dije un tiempo,
y me engañé. No puede
serlo quien lleva la traición por guía,
y a su sombra mortífera se duerme.

«¡Aún has de amar!», te repetí, y amaste,
y protector asilo
diste, desventurada, a una serpiente
en aquel corazón que fuera mío.

Emponzoñada estás; odios y penas
te acosan y persiguen,

y yo casi con lástima contemplo
tu pecado y tu mancha irredimibles.

¡Mas, vengativo, al cabo yo te amaba
ardientemente y te amo todavía!...
Vuelvo para dejarte
ver otra vez mi incrédula sonrisa.

Caso

Rubén Darío
(1867-1916)
Nicaragua

A un cruzado caballero,
garrido y noble garzón,
en el palenque guerrero
le clavaron un acero
tan cerca del corazón,

que el físico al contemplarle,
tras verle y examinarle,
dijo: «Quedará sin vida
si se pretende sacarle
el venablo de la herida.»

Por el dolor congojado,
triste, débil, desangrado,
después que tanto sufrió
con el acero clavado
el caballero murió.

Pero el físico decía
que en el dicho caso, quien
una herida tal tenía
con el venablo moría,
sin el venablo también.

¿No comprendes, Asunción,
la historia que te he contado,
la del garrido garzón
con el acero clavado
muy cerca del corazón?

Pues el caso es verdadero;
yo soy el herido, ingrata,
y tu amor es el acero:
¡si me lo quitas, me muero;
si me lo dejas, me mata!

Meditación del Duque de Gandía sobre la muerte de Isabel de Portugal

Sophia de Mello
(...)
Portugal

Nunca más
Tu cara será pura, limpia y viva
Ni tu andar como la ola fugitiva
En los pasos del tiempo se podrá tejer
Y nunca más daré al tiempo mi vida.

Nunca más serviré a señor que pueda fenecer.
La luz de la tarde me señala los destrozos
En tu ser. Y en breve la putrefacción
Beberá tus ojos y tus huesos,
Tomando tu mano en su mano.

Nunca más amaré a quien no pueda ser
Siempre.
Porque yo amé como si eternos fueran
La gloria, la luz y el brillo de tu ser,
Te amé en verdad y transparencia
Y ni siquiera me queda tu ausencia.

Eres un rostro de asco y negación
Y yo cierro los ojos para más no ver.
Nunca más serviré a señor que pueda fenecer.

versión de Francisco Cervantes

134

Primera muerte de María

Jorge Eduardo Eielson
(1921)
Perú

A pesar de sus cabellos opacos, de su misteriosa delgadez,
de su tristeza áurea y definitiva como la mía,
yo adoraba a mi esposa,
alta y silenciosa como una columna de humo.

María vivía en un barrio pobre,
cubierto de deslumbrantes y altísimos planetas,
atravesado de silbidos, de extrañas pestilencias
y de perros hambrientos.
Humedecido por las lágrimas de María
todo el barrio se hundía irremediablemente en un
    rocío tibio.

María besaba los muros de las callejuelas
y toda la ciudad temblaba de un violento amor a Dios.
María era fea, su saliva sagrada.

Las gentes esperaban ansiosas el día en que María,
provista de dos alas blancas,
abandonase la tierra sonriendo a los transeúntes.
Pero los zapatos rotos de María, como dos clavos
    milenarios,
continuaban fijos en el suelo.
Durante la espera, la muchedumbre escupía la casa,
la melancolía y la pobreza de María.

Hasta que aparecí yo como un caballo sediento y me
apoderé de sus senos.
La virgen espantada derramó una botella de leche y un
río de perlas sucedió a su tristeza.
María se convirtió en mi esposa.
Algún tiempo más tarde, María caía a tierra envuelta en
una llamarada.

Esposo mío —me dijo—, un hijo de tu cuerpo devora
mi cuerpo.
Te ruego, señor mío, devuélveme mi perfume, mi
botella de leche, mi barrio miserable.

Yo le acerqué su botella de leche y le hice beber
unos sorbos redentores.
Abrí la ventana y le devolví su perfume adorado, su
barrio polvoriento.
Casi enseguida, una criatura de mirada purísima abrió
sus ojos ante mí,
mientras María cerraba los suyos
cegados por un planeta de oro: la felicidad.

Yo abracé a mi hijo y caí de rodillas ante el cuerpo santo
de mi esposa: apenas quedaba de él un hato de
cabellos negros,
una mano fría sobre la cabeza caliente de mi hijo.
¡María, María —grité—, nada de esto es verdad, regresa a
tu barrio oscuro, a tu melancolía, vuelve tus callejuelas
estrechas, amor mío, a tu misterioso
llanto de todos los días!
Pero María no respondía.

La botella de leche yacía solitaria en una esquina,
como en un cono de luz divina.
En la oscuridad circundante, toda la ciudad me reclamaba
a mi hijo,
repentinamente henchida de amor a María.

Yo lo confié al abrigo y la protección de algunos bueyes, cuyo aliento cálido me recordaba el cuerpo tibio y la impenetrable pureza de María.

Bodas jamás

Nuestro amor, siempre, siempre...
Nuestras bodas..., jamás.

Rubén Darío, *Abrojos XIII*

Sin sentimientos

Catulo
(87a.C-54a.C.)
Roma

¿Ha sido una leona de las montañas de Libia
o una Escila que ladra bajo las ingles
la que te parió con ese carácter tan duro y tan negro,
como para que desprecies la voz de quien te suplica
desesperado? ¡Ay! ¡Alma feroz!

Filosofía con que intenta probar que a un mismo tiempo puede un sujeto amar a dos

Francisco de Quevedo
(1580-1645)
España

Si de cosas diversas la memoria
se acuerda, y lo presente y lo pasado
juntos la alivian y la dan cuidado,
y en ella son confines pena y gloria;

y si al entendimiento igual victoria
concede inteligible lo criado,
y a nuestra libre voluntad es dado
numerosa elección, y transitoria,

Amor, que no es potencia solamente,
sino la omnipotencia padecida
de cuanto sobre el suelo vive y siente,

¿por qué con dos incendios una vida
no podrá fulminar su luz ardiente
en dos diversos astros encendida?

La mirada

Sara Teadsdale
(1884-1993)
Inglaterra

Strefon me besó en la primavera,
    Robin en el otoño,
mientras que Colin sólo me vio
    y ni un poco me besó.

El beso de Strefon se redujo a una broma,
    jugando perdí el de Robin,
y el que me dio Colin con sus ojos
    me ronda noche y día.

Íntimos

D.H. Lawrence
(1885-1930)
Inglaterra

¿No te interesa mi amor?, me preguntó con amargura.
Le pasé el espejo y le dije:
¡Hágame el favor de hacerle esas preguntas a quien
    corresponda!
¡Hágame el favor de formular todos sus pedidos a la
    central!
¡En todos los asuntos de importancia emotiva,
hágame el favor de entenderse directamente con la
    autoridad suprema!
De modo que le pasé el espejo.
Y ella me lo hubiera partido en la cabeza
de no ser porque percibió su reflejo
y esto la mantuvo fascinada los dos segundos de mi
    huida.

Vela negra

Ossip Mandelstam
(1891-1938)
Rusia

Es tu destino, por tus estrechos hombros
   ponerte roja bajo el chasquido,
   roja bajo el chasquido y arder en la escarcha,

por tus manos infantiles levantar la plancha,
   levantar la plancha y atar bultos,

por tus finos pies desnudos pisar el vidrio,
   pisar el vidrio y la arena ensangrentada.

En cuanto a mí, ardo tras de ti como una vela negra,
ardo como una vela negra, y no me atrevo a rezar.

Sobre un poema de Rubén Darío

Alejandra Pizarnik
(1936-1972)
Argentina

Sentada en el fondo de un lago.
Ha perdido la sombra,
no los deseos de ser, de perder.
Está sola con sus imágenes.
Vestida de rojo, no mira.

¿Quién ha llegado a este lugar
al que siempre nadie llega?
El señor de las muertes de rojo.
El enmascarado por su cara sin rostro.
El que llegó en su busca la lleva sin él.

Vestida de negro, ella mira.
La que no supo morirse de amor y por eso nada
    aprendió.
Ella está triste porque no está.

El gesto

Ida Vitale
(1926)
Uruguay

Los párpados caen,
la cabeza derrocada
cae hacia atrás.
El peso de la corona del amor
es arduo.
Es rey y muere.

Apéndice
orden cronológico

Cantos de amor del antiguo Egipto,
alrededor de 1,500 A.C.
Catulo (87 a.C.-54 a.C.)
Anónimo alemán, Siglo I
Ibn Hazn de Córdoba (994-1063)
Ibn Zaydun (1003-1070)
Su Tung P'O (1037-1101)
Hadewych de Amberes (hacia 1240)
Dante (1265-1321)
Vidyapati (1352-1448)
Jorge Manrique (1412-1490)
Garcilaso de la Vega (1501-1536)
Lope de Vega (1562-1635)
Shakespeare (1564-1616)
Honoré d'Urfé (1567-1625)
Jean Ogier de Gombauld (hacia 1570-1666)
Francisco de Quevedo (1580-1645)
Pierre de Marbeuf (hacia 1596-después de 1635)
Sor Juana Inés de la Cruz (1651-1695)
Hölderlin (1770-1843)
Percy Bysshe Shelley (1792-1822)
John Keats (1795-1821)
Gertrudis Gómez de Avellaneda (1814-1873)

Rosalía de Castro (1836-1885)
Robert Louis Stevenson (1850-1894)
Rubén Darío (1867-1916)
Hilaire Belloc (1870-1953)
Paul Fort (1872-1960)
Rainer Maria Rilke (1875-1926)
Juan Ramón Jiménez (1881-1958)
Cavafis (1883-1933)
Sara Teadsdale (1884-1993)
D.H. Lawrence (1885-1930)
Delmira Agustini (1886-1914)
Fernando Pessoa (1888-1935)
Mandelstam (1891-1938)
Pedro Salinas (1892-1951)
Alfonsina Storni (1892-1938)
Marina Tsvetaeva (1892-1941)
Jorge Guillén (1893-1984)
e.e. cummings (1894-1962)
Robert Graves (1895-1985)
Louis Aragón: (1897-1982)
Vicente Aleixandre (1898-1984)
Luis Cernuda (1902-1963)
Langston Hughes (James Mercer Langston) (1902-1967)
Rafael Alberti (1902)
Salvador Novo (1904-1974)
René Char (1907-1988)
Malcolm Lowry (1909-1957)
Joaquín Pasos (1914-1947)
Octavio Paz (1914)
Gonzalo Rojas (1917)
Paul Celan (1920-1970)
Jorge Eduardo Eielson (1921)
Javier Sologuren (1921)
Carilda Oliver Labra (1924)
Jaime Sabines (1926)
Ida Vitale (1926)

Tomás Segovia (1927)
Eduardo Lizalde (1929)
Derek Walcott (1930)
Gabriel Zaid (1934)
Claudio Rodríguez (1934)
Alejandra Pizarnik (1936-1972)
José Antonio Masoliver Ródenas (1939)
Sophia de Mello (...)

Apéndice
orden alfabético

Agustini, Delmira	Uruguay
Alberti, Rafael	España
Aleixandre, Vicente	España
Amberes, Hadewych de	Bélgica
Aragón, Louis	Francia
Belloc, Hilaire	Francia-Inglaterra
Bombauld, Jean Ogier de	Francia
Bysshe Shelley, Percy	Inglaterra
Cantos de amor antiguo	Egipto
Castro, Rosalía de	Galicia, España
Catulo	Italia
Cavafis, Constantino	Grecia
Celan, Paul	Bucovina-Francia
Cernuda, Luis	España
Córdoba, Ibn Hazn de	Córdoba
cummings, e.e.	E.U.
Char, René	Francia
Dante	Italia
Darío, Rubén	Nicaragua
d'Urfé, Honoré	Francia
Eielson, Jorge Eduardo	Perú
Fort, Paul	Francia
Garcilaso de la Vega	Castilla
Guillén, Jorge	España
Graves, Robert	Inglaterra
Hölderlin	Alemania

153

Hughes, Langston	E.U.
Jiménez, Juan Ramón	España
Keats, John	Inglaterra
Lawrence, D.H.	Inglaterra
Lizalde, Eduardo	México
Lope de Vega	España
Lowry, Malcolm	Inglaterra
Mandelstam	Rusia
Manrique, Jorge	Castilla
Marbeuf, Pierre de	Francia
Masoliver R. José Antonio	España
Mello, Sophia de	Portugal
Novo, Salvador	México
Oliver Labra, Carilda	Cuba
Pasos, Joaquín	Nicaragua
Paz, Octavio	México
Pessoa, Fernando	Portugal
Pizarnik, Alejandra	Argentina
Quevedo, Francisco de	España
Rilke, Rainer Maria	Alemania
Rojas, Gonzalo	Chile
Sabines, Jaime	México
Salinas, Pedro	España
Segovia, Tomás	España-México
Shakespeare	Inglaterra
Sologuren, Javier	Perú
Sor Juana Inés de la Cruz	México
Stevenson, Robert Louis	Inglaterra
Storni, Alfonsina	Argentina
Su Tung P'O	China
Teadsdale, Sara	Inglaterra
Tsvetaeva, Marina	Moscú
Vidyapati	India
Vitale, Ida	Uruguay
Walcott, Derek	Santa Lucía
Zaid, Gabriel	México
Zaydun, Ibn	Córdoba-Sevilla

Apéndice
Primeros versos

Este temporal a destiempo... (Alejandra Pizarnik)
Sentada en el fondo de un lago. (Alejandra Pizarnik)
Alguna vez, andando por la vida, (Alfonsina Storni)
Tú eres mío, yo soy tuya: (Anónimo)
Iré a acostarme a mi morada, (Anónimo)
Me desordeno amor, me desordeno (Carilda Oliver Labra)
Vivamos, Lesbia mía, y amémonos (Catulo)
Desgraciado Catulo, deja de hacer tonterías... (Catulo)
Lesbia dice pestes de mí todo el tiempo... (Catulo)
¿Ha sido una leona de las montañas de Libia...? (Catulo)
Cualquier cosa valiera por mi vida (Claudio Rodríguez)
Hoy con el viento del Norte (Claudio Rodríguez)
Mirando un ópalo casi gris (Constantino Cavafis)
Recuerda, cuerpo, no sólo cuánto se te amó
(Constantino Cavafis)
¿No te interesa mi amor?, me pregunto con amargura
(D.H. Lawrence)
Muchas veces me vienen a la cabeza... (Dante)
En el regazo de la tarde triste (Delmira Agustini)
Llegará el momento (Derek Walcott)
Amor es más espeso que olvidar (e.e. cummings)
Que tanto y tanto amor se pudra, oh dioses;
(Eduardo Lizalde)
He pasado toda la noche sin dormir, viendo,
(Fernando Pessoa)
Es hielo abrasador, es fuego helado, (Francisco de Quevedo)
¿Qué imagen de la muerte rigurosa,...?
(Francisco de Quevedo)

Si de cosas diversas la memoria (Francisco de Quevedo)
El día que me aborreces, ese día (Francisco de Quevedo)
No soy el viento ni la vela (Gabriel Zaid)
Escrito está en mi alma vuestro gesto, (Garcilaso de la Vega)
Dentro de mi alma fue de mí engendrado
(Garcilaso de la Vega)
Con yo amé dice cualquiera
(Gertrudis gómez de Avellaneda)
¿Qué se ama cuando se ama...? (Gonzalo Rojas)
La que duerme ahí, la sagrada, (Gonzalo Rojas)
Más que por la A de amor estoy por la A de asma,
(Gonzalo Rojas)
Este canto que va más allá de toda palabra
(Hadewych de Amberes)
Estoy cansado del Amor (Hilaire Belloc)
¿No es más bella la vida de mi corazón...? (Hölderlin)
Olvidad a vuestros amigos, burlaos de un artista, (Hölderlin)
Mi espíritu tendía hacia los cielos, más el amor (Hölderlin)
Postrada estás y enferma, ¡vida mía! (Hölderlin)
¡Luz de amor! (Hölderlin)
Ya no abrasa el Amor, o bien en vano abrasa;
(Honoré Durfé)
¿Hay quien pague el precio de sangre del asesinado por amor?
(Ibn Hazn de Córdoba)
¡Noche, hazte larga, pues sólo deseo... (Ibn Zaydun)
¡¿Cómo mudaré la amistad de ayer!? (Ibn Zaydun)
Me dejaste, ¡oh, gacela!, (Ibn Zaydun)
Los párpados caen, (Ida Vitale)
Los amorosos callan (Jaime Sabines)
La inquieta fronda rubia de tu pelo (Javier Sologuren)
Ella engaña mi fe con infieles palabras
(Jean Ogier de Gombauld)
Mi amor está con las alas abiertas sobre el mar.
(Joaquín Pasos)
¡Ten compasión, piedad, amor! ¡Amor, piedad! (John Keats)
A pesar de sus cabellos opacos, de su misteriosa delgadez,
(Jorge Eduardo Eielson)

Sin un verdadero amor (Jorge Guillén)
Es amor fuerza tan fuerte (Jorge Manrique)
Los pájaros no aman (José Antonio Masoliver Ródenas)
Te conocí, porque al mirar la huella (Juan Ramón Jiménez)
Oigan, se los estoy diciendo: (Langston Hughes)
¿Quién mata con más rigor? (Lope de Vega)
Nada es adquirido nunca por el hombre. (Louis Aragón)
No es el amor quien muere, (Luis Cernuda)
Te quiero (Luis Cernuda)
¿Adónde diablos fue a dar la ternura?, (Malcolm Lowry)
Es tu destino, por tus estrechos hombros (Ossip Mandelstam)
Me alegra que tu dolencia no sea causada por mi.
(Marina Tsvetaeva)
¿Qué es esta nuestra gitana pasión (Marina Tsvetaeva)
Dos cuerpos frente a frente (Octavio Paz)
Si tú eres la yegua de ámbar (Octavio Paz)
Quien se arranca el corazón del pecho (Paul Celan)
Amémonos sin misterio, aquí en la tierra, triunfantes.
(Paul Fort)
No, nunca está el amor. (Pedro Salinas)
Temo tus besos, dulce dama (Percy Bysshe Shelley)
Las fuentes se unen con el río (Percy Bysshe Shelley)
Al amor y a la mar corresponde lo amargo, (Pierre de
Marbeuf)
¡Amor!, gritó el loro. (Rafael Alberti)
¡Oh, cómo florece mi cuerpo, desde cada vena,
(Rainer Maria Rilke)
Por las calles de la ciudad va mi amor. (René Char)
La posición del árbol (Robert Graves)
Amor... ¿qué es el amor? (Robert Louis Stevenson)
Mi corazón, cuando el mirlo canta la primera (Robert Louis
Stevenson)
Alma que vas huyendo de ti misma, (Rosalía de Castro)
De pronto el corazón con ansia extrema (Rosalía de Castro)
A un cruzado caballero (Rubén Darío)
Único amor, ya tan mío (Salvador Novo)
Strefon me besó en la primavera, (Sara Teadsdale)

Julieta: ¡Mil veces buenas noches!
 (Shakespeare)
Nunca más (Sophia de Mello)
Esta tarde, mi bien, cuando te hablaba,
 (Sor Juana Inés de la Cruz)
Al que ingrato me deja, busco amante;
 (Sor Juana Inés de la Cruz)
Diez años: cada día más lejos, (Su Tung P'O)
Quisiera haber nacido de tu vientre (Tomás Segovia)
Un día para los hombres llegaste. (Vicente Alexandre)
Canta, cuchillo despiadado, (Vidyapati)